Dennis Israelsson

LAN-uppgradering

AF135552

Dennis Israelsson

LAN-uppgradering

GlobeEdit

Impressum / Imprint

Bibliografische Information der Deutschen Nationalbibliothek: Die Deutsche Nationalbibliothek verzeichnet diese Publikation in der Deutschen Nationalbibliografie; detaillierte bibliografische Daten sind im Internet über http://dnb.d-nb.de abrufbar.

Alle in diesem Buch genannten Marken und Produktnamen unterliegen warenzeichen-, marken- oder patentrechtlichem Schutz bzw. sind Warenzeichen oder eingetragene Warenzeichen der jeweiligen Inhaber. Die Wiedergabe von Marken, Produktnamen, Gebrauchsnamen, Handelsnamen, Warenbezeichnungen u.s.w. in diesem Werk berechtigt auch ohne besondere Kennzeichnung nicht zu der Annahme, dass solche Namen im Sinne der Warenzeichen- und Markenschutzgesetzgebung als frei zu betrachten wären und daher von jedermann benutzt werden dürften.

Bibliographic information published by the Deutsche Nationalbibliothek: The Deutsche Nationalbibliothek lists this publication in the Deutsche Nationalbibliografie; detailed bibliographic data are available in the Internet at http://dnb.d-nb.de.

Any brand names and product names mentioned in this book are subject to trademark, brand or patent protection and are trademarks or registered trademarks of their respective holders. The use of brand names, product names, common names, trade names, product descriptions etc. even without a particular marking in this work is in no way to be construed to mean that such names may be regarded as unrestricted in respect of trademark and brand protection legislation and could thus be used by anyone.

Coverbild / Cover image: www.ingimage.com

Verlag / Publisher:
GlobeEdit
ist ein Imprint der / is a trademark of
OmniScriptum GmbH & Co. KG
Heinrich-Böcking-Str. 6-8, 66121 Saarbrücken, Deutschland / Germany
Email: info@globeedit.com

Herstellung: siehe letzte Seite /
Printed at: see last page
ISBN: 978-3-639-87323-8

Copyright © 2015 OmniScriptum GmbH & Co. KG
Alle Rechte vorbehalten. / All rights reserved. Saarbrücken 2015

Sammanfattning

Arbetet är utfört på ett företag med cirka 15 anställda. Företaget behövde hjälp med att uppgradera deras IT-infrastruktur. Anledningen till detta var att utrustningen började bli utdaterad, säkerheten var obefintlig och dokumentationen var icke-existerande. Trots att de hade en Windows Server användes inte Active Directory för administration.

I den nya lösningen är hela kretsloppet för IT-infrastrukturen med i omfattningen. Lösningen präglas av en avvägning mellan funktionalitet och pris. Varje enhet har logiskt säkrats för att minimera säkerhetsrisker. En centraliserad modell, möjligheten att kunna styra nätverket och att kunna övervaka nätverket oberoende av fysisk plats är mål som har eftersträvats.

Tjänster för att jobba hemifrån eller på annan plats är implementerat för de som bör ha möjligheten. För att underlätta administration av enheter har både fjärråtkomst och övervakning implementerats på enheterna och kombinerats med olika säkerhetstjänster.

För att erbjuda den mobilitet de önskar har ett centraliserat trådlöst nätverk implementerats. Genom att använda en WLAN[1]-kontroller kan man hålla reda på sina anslutna klienter, läsa av statistik och direkt notifieras om något oförutsett händer.

---

[1] Wireless Local Area Network, engelska beteckningen för trådlöst nätverk

Abstract

The work was completed at a company with around 15 employees. They needed help upgrading their IT infrastructure. The reason for this was that the equipment was getting old, the security practically non-existent and a set of documentation did not exist. Even though they had a Windows Server they didn't use Active Directory for administration.

In the new installation the whole lifecycle for the IT infrastructure is included. Focus for this was given to functionality versus price. Every device has been secured to minimize potential security risks. A centralized model has been the aim and the possibility to administrate and monitor independently of your physical location.

Services has been implemented to allow you to work from your own home or any other location with Internet access. To make it easier to administrate the devices both remote access and monitoring has been implemented, combined with several security features to secure the network.

Mobility was one of the goals and a centralized wireless network has been implemented. By using a WLAN controller it's possible to monitor connected clients, analyze statistics and get notifications when and if there is any unusual activity.

Förord

Undertecknad vill tacka alla personer som gjorde detta arbete möjligt.

Micke Sjöman, handledare på företaget som gav mig möjligheten att utföra detta arbete.
Hans Bjurgren, i egenskap av akademisk handledare, förtjänar ett extra stort tack tillsammans med de andra i lärarlaget som under tre år tagit hand om mig.

Västerås, Maj 2013
Dennis Israelsson

1. Inledning

Arbetet kommer att delas in i två nätverksdelar, en infrastrukturs- och en operativsystems-del. Dessa två delar kommer utföras parallellt med företagets nuvarande IT för att minimera tiden som dess verksamhet står still.

Den första delen består av att de nätverksenheter som företaget äger för tillfället skall undersökas och analyseras. Utifrån resultatet av denna analys ska de nya enheterna konfigureras. Konfigurationen kommer att utföras så att företaget inte tappar någon funktionalitet utan endast förbättras. Detta för att uppnå en mer professionell tillämpning.

Den andra delen kommer innefatta undersökning och analys av den befintliga servern för att sedan ersättas med en ny server. Den nya ska ta över alla roller som den gamla enheten hade aktiva samt nya roller för att lösa de problem som nämns under rubriken "5. Analys av problemet".

2. Syfte och mål

Syftet och målsättningen med detta projekt var att uppgradera den befintliga IT-miljön till en mer modern tillämpning. På hårdvarunivå så behövs nya nätverksprodukter för att klara av företagets krav. På mjukvarunivå så behövs nya licenser och lösningar då de nuvarande är för gamla inte uppfyller det som förväntas av dem.

Ett delmål är därmed att leverera en ny Windows Server. Dels behövs det ny hårdvara för denna samt en ny licens då den befintliga är för Windows Server 2003. Den nya Windows Servern ska förenkla administrationen av IT-miljön då företaget saknar dedikerad IT-personal. Den nya lösningen, som baseras på Windows Server, ska möjliggöra fildelning, använda sig av "folder redirection", erbjuda RADIUS [2] -autentisering, tillhandahålla SQL [3] -server för deras lager-programvara. Detta utöver de traditionella uppgifterna för en Windows Server som till exempel centraliserad hantering av användare och datorer med hjälp av Active Directory.

En ny epost-lösning behövs då den nuvarande epost-tjänsten främst inte uppfyller de nya krav företaget har ställt. Epost-lösningen skall använda sig av Exchange [4] då företagets övriga programvaror fungerar bäst med det. Om denna tjänst ska hyras in från "molnet" eller huseras lokalt är ett beslut som kommer tas efter diskussion med företaget.

Ett trådlöst nätverk behövs i företagets lokaler då företaget önskar mer mobilitet och det enda som existerar för tillfället är en konsument-accesspunkt. Behovet av ett trådlöst nätverk blir mer och mer uppenbart för personalen. Företaget vill tillåta dess anställda att ta med sina egna enheter till jobbet (BYOD[5]) och att gäster ska få tillgång till Internet. Deras tilltänkta handhållna scanners för lagret använder sig av WiFi[6] för att kommunicera med back end-tjänsten[7]. Då antalet access-punkter bestäms av mängden anslutna klienter och inte räckvidden kommer ingen trådlös mätning, även kallad "site survey", att utföras.

---

[2] Remote Authentication Dial-In User Services, protokoll som sköter autentisering
[3] Structured Query Language, språk för att hämta och modifiera data i en databas
[4] Microsoft Exchange, produkt från Microsoft som agerar mail-server
[5] Bring Your Own Device, term som beskriver en policy som tillåter personalens privata enheter
[6] Ett varumärke som beskriver WLAN-produkter som följer 802.11-standarden
[7] Inom program som använder sig av modellen server-klient så brukar man kalla serverns tjänst back-end (det som sker i bakgrunden ur ett användarperspektiv) och klienten front-end (det användaren ser)

En ny brandvägg behövs för att separera och kontrollera Internetanslutningen som de fyra företagen delar på. Detta då det är företaget som är ansvariga för förbindelsen och på sätt riskerar att få in klagomål om otillåtna händelser skulle ske. För att skydda företaget behövs en brandvägg för att filtrera trafik, denna enhet ska agera VPN[8]-koncentrator samt hålla isär företagen som delar på Internetanslutningen.

Dokumentation måste upprättas kring all IT då den för nuvarande är obefintlig. Ifall felaktigheter upptäcks så bör en diskussion ske med företaget kring lösningar på problemet. Dokumentation av det nuvarande nätverket saknas och företaget har uttryckt sitt missnöje kring detta. Ingen vet varför det fungerar och ingen besitter kompetensen eller har den tid som krävs för att analysera hela nätverket för att kunna skapa relevant dokumentation.

---

[8] Virtual Private Network, teknik för att skapa en förbindelse

3. Bakgrund

Lagom & Gott Ljud AB levererar tjänster och utrustning för små och stora evenemang. Deras kunder ställer höga krav på funktion, en smidig lösning och ett gott resultat och deras personal är flexibel och van att jobba under nya förutsättningar. Lång erfarenhet och gedigen kunskap om deras utrustning är kundens garanti för ett gott resultat och när kunderna anlitar dem får kunden alltid utrustning av högsta kvalitet från marknadsledande tillverkare.

För att kunna fortsätta utvecklas som företag och känna att deras IT bidrar till produktiviteten istället för att hämma så är det dags för en uppgradering. Denna uppgradering ska lösa de problem som uppstår i deras dagliga arbete och bidra med nya arbetsmetoder för att underlätta för de anställda.

4. Metod

För att utföra arbetet kommer tidigare erfarenheter från projektarbeten tillsammans med de kunskaper som erhållits under högskoletiden användas. Personalen som finns på plats som har kunskap kring den nuvarande lösningen kommer användas för att utföra vissa delar av arbetet.

5. Analys av problemet

5.1.   Vad är en LAN-uppgradering?

En uppgradering av det lokala nätverket är att byta ut hårdvara och/eller mjukvara på enheter i det lokala nätverket.

5.2.   Säkerhetsbrister

Företagets säkerhet är idag obefintligt, både fysiskt och logiskt. Den nuvarande utrustningen består främst utav konsumentprodukter. Att initiera en attack inifrån är inga problem då skydd mot attacker som till exempel Man-In-The-Middle[9] inte existerar.

Alla portar är öppna, tillhör samma VLAN [10]och har inga begränsningar. Då nätverket inte är uppdelat i mindre virtuella nätverk så finns det för nuvarande en onödigt stor broadcast-domän[11].

Det befintliga trådlösa nätverket har ett statiskt lösenord och WPS [12]aktiverat. Detta innebär att med ett tryck på enheten så kan vem som helst ansluta och få åtkomst till hela det interna nätverket.

Lager 2[13]-säkerhet som att begränsa varje port till en MAC[14]-adress existerar inte. Lösenord är antingen uppenbara (samma som användarnamnet) eller skrivna på post it-lappar och byts aldrig. Man skulle kunna säga att det ser ut som en glad amatörs arbete.

För att åtgärda detta ska säkerhetstjänster aktiveras på nätverksenheterna och nätverket ska delas in i olika VLAN. Genom att säkra upp det trådlösa nätverket och inaktivera smidiga konsument-teknologier så är detta löst. Portar ska begränsas till ett visst antal MAC-adresser, oanvända portar ska vara inaktiverade och hanteringen av lösenord skall ses över.

---

[9] En attack som går ut på att all trafik går via en mellanhand som lyssnar av och försöker komma åt information
[10] Virtual Local Area Network, delar in ett fysiskt nätverk i logiska, separata, nätverk
[11] Kan liknas vid en kontorsmiljö där alla sitter i samma rum utan avskiljare och hör allt som alla säger
[12] WiFi Protected Setup, teknik för att enkelt kunna ansluta enheter till ett trådlöst nätverk
[13] Lager 2 i OSI-modellen
[14] Media Access Control, fysisk adress som är unik för varje nätverkskort

5.3.   Brist på dokumentation

Detta beskrivs bäst med ett verkligt exempel. Brandväggen som de använder kan ingen logga in på då lösenordet är bortglömt. Ingen anställd vet varför eller hur det fungerar och den enda med en viss kunskap slutar inom en kort tid.

Detta åtgärdas per automatik då allt ska bytas ut alternativt göras om. Om då dokumentation upprättas i samband med denna uppgradering så blir detta problem löst.

5.4.   Avsaknad av mobilitet

Arbete utförs ofta av företaget utanför kontoret och då uppstår ett behov av mobilitet. För nuvarande lagras alla dokument lokalt på varje dator och har vid ett flertal tillfällen skapat frustration.

Då företaget för närvarande har ett undermåligt trådlöst nätverk är det omständligt att koppla upp mobila enheter för att på ett snabbt och enkelt sätt kunna utföra sitt arbete.

Med den nya lösningen kommer alltid användarna kunna koppla upp sig mot det lokala intranätet och nå sina personliga arbetsdokument. Alla arbetsdokument kommer alltid sparas på en server så det är möjligt att få tag i dem var man en är.

Ett nytt trådlöst nätverk kommer implementeras där säkerheten är god och täckning existerar i hela företagets lokal.

5.5.   Brist på enkelhet

Då företaget saknar dedikerad IT-personal så är en självgående IT-miljö nödvändig. När problem dyker upp, måste det vara enkelt och skapa möjligheten för personal att intuitivt kunna lösa problemet för att sedan kunna lägga fokus på rätt saker.

5.6.   Avsaknad av struktur i rackskåpet

Kabeldragning som är snyggt och prydligt gjord är de duktiga på. När de själva utför arbete då ser de varje besökare som en potentiell kund. Men tyvärr så lever man inte som man lär (eller i detta fall arbetar) då rackskåpet är i total oreda. Det finns ingen ursäkt för den brist på ordning och reda som råder i detta rackskåp.

Kablar ska dras i de kabelkanaler som finns, enheter ska monteras på ett korrekt sätt och oanvända enheter samt kablar ska bort.

6. Förberedelser

För att kunna genomföra denna uppgradering av IT-infrastrukturen så krävdes det inköp utav ny hårdvara. För att lösa de tidigare definierade problemen föll valen på följande hårdvara av företaget innan arbetet påbörjades;

6.1. HP 2530

Då de befintliga switcharna varken hade prestandan eller stöd för teknologierna som efterfrågats så behövde nya enheter köpas in. Teknologier som PoE [15], IPv6, trafikprioritering och diverse säkerhetsfunktioner gjorde att valet föll på HP 2530. De andra konkurrerande produkterna föll bort främst på grund av prisdifferenser då alla hade livstidsgaranti. Några utav dessa konkurrenter var Cisco 2960 och Dell Powerconnect 5524P.

Figur 1 - HP 2530

6.2. Poweredge R720

Den befintliga servern anses inte längre vara lika högpresterande som vid inköpet 2005. Mycket har hänt sedan dess och en ny server inhandlades. Viktigt vid valet var möjligheten till nätverks- och dataredundans. Utöver dessa två punkter var det viktigt att hårdvaran var modern för att få så bra prestanda som möjligt. Tillsammans med servern köptes en licens till Windows Server 2013 in.

Figur 2 - Poweredge R720

Enheten som valdes blev en Dell Poweredge R720. Med fyra nätverksportar och plats för nio stycken hårddiskar så finns de möjligheter för redundans som efterfrågades.

---

[15] Power over Ethernet, strömsättning av en enhet via nätverkskabel. Läs mer under rubriken PoE

6.3.   Ubiquiti UniFi

UniFi enterprise WLAN-lösningen är en ny uppstickare i en väl-
etablerad marknad. Den största skillnaden gentemot de konkurrenter
som finns är att kontrollerenheten endast är en mjukvara som kan
köras från valfri dator med MAC, Linux eller Windows. Tack vare
denna lösning kan de hålla nere priserna utan att nödvändigtvis tappa
funktionalitet.

Figur 3 - UniFi accesspunkt

Avancerade funktioner som intelligent lastbalansering per accesspunkt saknas men skillnaden i
pris mot Ciscos Aironet-lösning var för stor för att rättfärdiga det alternativet. Då UniFi har stöd
för bland annat 802.1X[16] så fanns all funktionalitet som behövdes.

6.4.   Cisco 5512-X

Om man vill kunna lita på sitt nätverk behöver man stabil säkerhet.
Brandväggen är den nätverksenhet som måste kunna hantera alla de
säkerhetshot som kommer med en Internet-anslutning. Att satsa på ett
etablerat varumärke ger en trygghet som man inte ska underskatta.

Figur 4 - Ciscos logotyp

Då kravet på genomströmningshastighet var högt så föll många billigare
enheter bort där. Att välja en relativt nylanserad produkt över äldre modeller ter sig logiskt. Man
vill inte investera i en produkt som är omodern redan vid inköp. Då brandväggen är en kritisk
enhet var det villiga att betala det lite dyrare inköpspris, jämfört med konkurrerande produkter,
som krävs för att få en Cisco-produkt. Till följd av detta kan man då känna sig säkra på dess
kontinuitet. Den produkt som var starkast utmanande var Juniper SRX220 men föll bort då även
den hade dyra licensieringskostnader.

---

[16] Port-baserad åtkomstkontroll

7. Topologi

7.1.   Tidigare

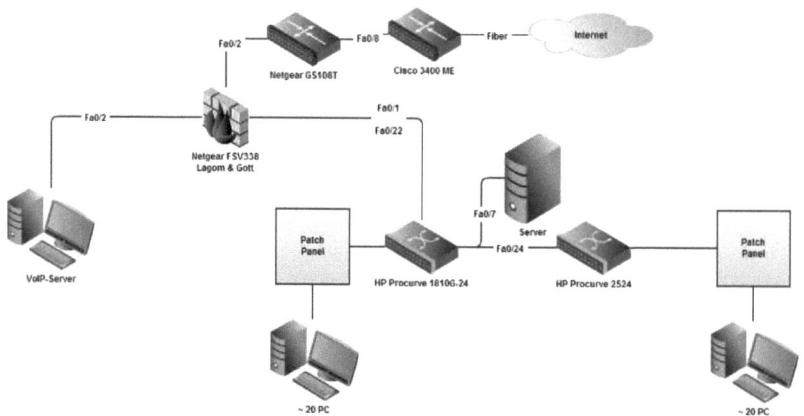

Figur 5 - Den tidigare topologin

Kort sammanfattat så kommer Internet in genom en Cisco-switch som agerar fiberkonverterare, vidare till en Netgear-switch (denna enhet är knutpunkt för alla företag i lokalerna). Företagets brandvägg är inkopplad till denna switch. Två seriekopplade switchar är kopplingspunkter för datorer och telefoner (den ena gruppen med ~20 PC[17] på bilden är telefoner).

Något som är anseendeväckande är det faktum att VoIP[18]-servern är direktansluten mot brandväggen. Det kan vara av den enkla anledningen att det var slut på lediga portar i switchen då den är i princip full med kablar där inte alla används. Min misstanke ligger i att den är direktansluten för att de ska använda DMZ[19] på grund av okunskap av vilken trafik som behövde tillåtas utifrån Internet in till enheten.

---

[17] Personal Computer
[18] Voice over IP, benämning en grupp teknologier som möjliggör IP-telefoni
[19] DeMilitarized Zone, benämning på en oskyddad zon

7.2.   Ny

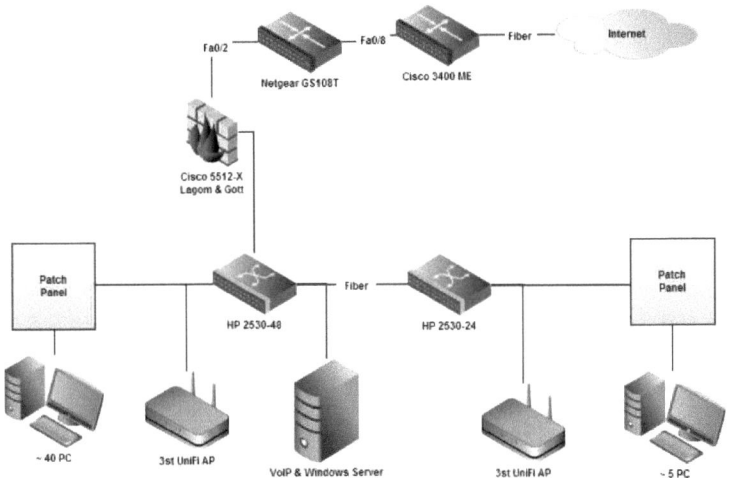

Figur 6 - Den nya topologin

Teorin kring en bra nätverkstopologi bygger på att man ska bilda trianglar och alltid ha redundanta vägar till varje mål [1]. Tyvärr är inte detta rimligt vid ett så litet nätverk som detta är. Då den högra HP-switchen befinner sig ute på lagret blev det inte möjligt att ha en direktanslutning till brandväggen vilket åtminstone hade gett lite redundans. Servrarna är numera båda två kopplade via en switch för att få ett enhetligt trafikflöde.

7.2.1. PoE

Denna teknologi bidrar med enkelhet. För att slippa dra nätverkskabel samt strömkabel till diverse små enheter så togs Power over Ethernet [2] fram. Genom att låta signalkabeln även hantera strömmatning så kan man därmed minimera kabeldragning för lättdrivna enheter som t.ex. IP-telefoner och access-punkter.

Då företaget har ett tiotal IP-telefoner och ett flertal accesspunkter så föll det naturligt att använda PoE. Fördelen med detta är att man kan minimera antalet kablar som behövs per enhet.

De switchar som köptes in har stöd för detta. Ingen konfiguration krävdes utan det var bara att ansluta de enheter som behövde PoE. Det finns en sak man behöver komma ihåg, varje PoE-värd har en begränsad strömbudget som man behöver se till att inte överskrida.

8. Adressering

För att inte begränsa möjligheten till expansion så har varje VLAN tilldelats ett privat C-nät[20]. Ett privat nät är ett nät vars adresser inte går att använda ute på Internet. Privata adresser används och kommer att översättas för trafik vars destination är Internet (läs mer om detta under rubriken NAT[21]). Den andra oktetten i varje nätadress är kopplat till de ID som varje nätverk tilldelats. Varje VLAN får 100 adresser utdelade med hjälp av DHCP[22].

VLAN 20 är för ett annat företags nätverk som ska nyttja den trådlösa nätverksinfrastrukturen och sedan sammankopplas med sitt eget nätverk. Detta för att undvika att fler accesspunkter installeras på den ytan de båda företagen delar på.

VLAN	Namn	Nätadress	DHCP	Default Gateway
10	LG-Data	10.10.0.0/24	10.10.0.100-199	10.10.0.1
11	LG-VoIP	10.11.0.0./24	10.11.0.100-199	10.11.0.1
20	DPS	N/A	N/A	N/A
30	Guest	10.30.0.0/24	10.30.0.100-199	10.30.0.1
98	Native	N/A	N/A	N/A
99	Management	10.99.0.0/24	N/A	N/A

8.1. IPv6

Efterföljaren till IPv4 togs fram främst för att lösa problemet med den otillräckliga adressrymden. IPv4 har cirka 3,7 miljarder tillgängliga adresser. Med dagens utveckling och användarnas önskan om att ständigt vara uppkopplade kopplas fler och fler enheter in och begär en unik adress. För att hela världen ska kunna vara uppkopplad samtidigt har därmed IPv6 ungefär $8 * 10^{28}$ fler tillgängliga adresser än IPv4. [3]

---

[20] Strikta betydelsen är att ett nätverk ska finnas inom omfånget 192.0.0.0 till 223.255.255.255, men används ofta för att beskriva ett nätverk med en subnätmask på 255.255.255.0 (/24)
[21] Network Address Translation
[22] Dynamic Host Configuration Protocol, automatisering av IP-adresshantering. Läs mer under rubriken DHCP

Då företaget varken har ett IPv6-nät tilldelat till sig eller en IPv6-kompatibel Internetleverantör så blev det endast en teoretisk implementation av detta. Den dagen det börjar bli aktuellt att implementera kan de glädjas åt att all utrustning har stöd för IPv6.

9. Teori

9.1. Säkerhet

9.1.1. VPN

Virtual Private Network möjliggör för externa enheter att ansluta säkert till företagets interna nätverk genom att virtuellt ansluta till det från en avlägsen plats [4]. Personen som ansluter kommer att uppfattas av nätet som en intern användare, utom vid själva upprättandet av tunneln. När tunneln är upprättad kommer enheten ha blivit tilldelad in IP-adress som tillhör det interna nätverket. För att nå en virtuellt ansluten enhet så skickas trafiken via VPN-koncentratorn. Den har en dynamisk tabell med information kring vilka som är anslutna och vilken extern adress dessa har för att kunna skicka tillbaka trafik.

När trafik skickas från en ansluten användare hemifrån går trafiken först till VPN-koncentratorn, oavsett destination inom det interna nätverket. Väl framme där omvandlas sändar-adressen till en adress som tillhör det lokala nätverket och vidarebefordras till den önskade slutdestinationen.

Microsoft har tagit fram en ny teknologi för att ansluta sig mot intranätet som kallas *DirectAccess*. [5] Skillnaden mot en traditionell VPN-anslutning är att anslutningen sker innan man loggat in på datorn. Fördelen med detta är att datorn agerar precis som om den vore inkopplad till intranätet. Det blir därmed lättare att administrera och t.ex. verifiera att alla har den senaste versionen av företagets grupp-policys[23]. Då det varken kräver en tredjepartsprogramvara eller interaktion från användaren så underlättar det samtidigt för slutanvändaren.

9.1.2. Lösenord

Genom att använda långa och komplexa lösenord för nätverksenheterna så blir det inte bara svårare att starta en lyckad *brute-force*[24]-attack, utan även svårare för personalen att memorera dessa lösenord. Detta är bra då de kommer ta längre tid innan man utför en aktion som kräver administratörsrättigheter och får tänka för ett ögonblick.

---

[23] Policy-objekt i Active Directory
[24] En metod som går ut på att man testar alla möjliga kombinationer

9.1.3. Trafikseparation

Trafikseparation behövs av följande skäl:

- För att förhindra att information oavsiktligt läcker ut från en enhet till en annan.
- För att förhindra att skadlig kod, till exempel virus, sprids från en enhet till en annan.
- För att förhindra obehörig åtkomst till information.

Detta uppnås genom att skapa de olika VLAN som tidigare nämndes under Adressering.

9.1.4. NAT

För att minska kostnaderna och inte behöva betala för en extern IP-adress per enhet som behöver kommunicera via Internet så använder man NAT [4]. NAT är till för att översätta privata IP-adresser till publika. Från början översatte man en adress till en annan rakt av vilket inte är så ekonomiskt, därför kom PAT[25]/Overload vilket möjliggör att man nu kan översätta flera privata adresser till en publik med ett unikt portnummer [4]. PAT är därmed, ur ett adress-perspektiv, betydligt mycket mer ekonomiskt och kräver inte att man köper in flertalet publika adresser.

NAT är en väldigt viktig del i den mån att IPv4-adresserna tar slut och tillåter att man sparar in på antalet publika IP-adresser som krävs för verksamheten genom PAT. NAT tillför extra säkerhet genom att man inte kan upprätta en anslutning mot de privata adresserna utifrån.

---

[25] Port Address Translation, översätter flera privata adresser till en publik adress med ett unikt portnummer som identifierare

9.1.5. RAID

RAID[26], är en lagringsteknologi som kombinerar ett godtyckligt antal hårddiskar till en logisk disk med avseende på att förbättra prestandan och/eller redundansen. Data distribueras mellan de olika fysiska hårddiskarna beroende på vilken nivå man väljer. För just denna rapport är det nivå ett och fem som vi är intresserade av.

I Raid 1 speglas diskarna så att alla är exakta kopior av varandra [6]. Fördelen med den här metoden är att alla utom en disk kan gå sönder utan att data går förlorad, samt att läsprestandan höjs. Nackdelen är att det tillgängliga utrymmet aldrig kan bli mer än vad en disk ensam rymmer, om man använder hårddiskar med olika storlekar blir det den med minst utrymme som begränsar.

Raid 5, kort förklarat så går det ut på att varje disk ansvarar för paritetsbiten för en sektion data [6]. Genom att dela på ansvaret får man ut en högre prestanda och för att beräkna hur mycket utrymme man får ut kan denna formel användas, där n är antalet enheter:

$$Utrymme = (n - 1) * (minsta\ enhetens\ utrymme)$$

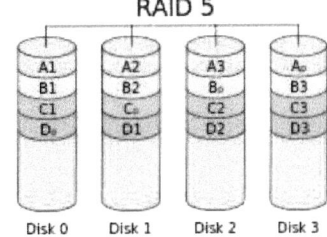

Figur 7 - Logisk beskrivning av hur speglingen går till i RAID 5

---

26 Redundant Array of Independent Disks

9.2. Övervakning & Administration

9.2.1. Konfiguration

9.2.1.1. SSH

Secure Shell är ett protokoll som används för att ansluta till enheter över nätverket. Genom att använda SSH i nätverket så ökar man säkerheten från det föråldrade Telnet-protokollet. När man använder SSH så får man till skillnad från Telnet, som skickar trafik i klartext, krypterad trafik. Detta uppnås genom att generera RSA[27]- eller DSA[28]-nycklar. Nycklarna används i asymmetrisk kryptering. Vid skapandet av nycklar genereras två nycklar, en privat och en publik. Den privata nyckeln kan kryptera data som endast den publika nyckeln kan dekryptera. Man kan då vara säker på att trafiken härstammar från en betrodd enhet. Den publika nyckeln kan kryptera data som endast den privata nyckeln kan dekryptera. [7] På så sätt kan man garantera att endast enheter med den privata nyckeln kan dekryptera trafiken och uppnår genom en kombination av detta säker kommunikation [7].

9.2.1.2. HTML

Hypertext Markup Language är en del av standarden för webben [8]. Hemsidor skrivs i HTML och överförs sedan med hjälp av HTTP[29](S). För tekniskt mindre kunniga är det enklare att navigera in på en hemsida för att genomföra ändringar i konfigurationen av en enhet. Utav denna anledning finns även detta som ett alternativ för konfiguration av nätverksenheterna.

Fördelen med att ha ett grafiskt gränssnitt för att utföra konfiguration är att man inte behöver vara familjär med enheten på samma sätt som vid en kommandotolk. Man får ett logiskt utformat gränssnitt, med menysystem som tilltalar den oerfarne. Attribut som måste existera för att få applicera en ändring blir man upplyst om och får på sätt ett skydd mot partiell eller ogiltig konfiguration.

---

[27] En algoritm döpt efter initialerna av dess skapare
[28] Digital Signature Algorithm, en algoritm för att hantera digitala signaturer
[29] HyperText Transfer Protocol (Secure), protokoll för transport av data. Främst använd i samband med hemsidor

9.2.2. DHCP

DHCP ger användare möjligheten att erhålla adresseringsinformation dynamiskt. En enhet som ansluter till nätverket skickar en DHCP-Discovery som ett broadcast-paket för att lokalisera tillgängliga DHCP-servrar i nätverket [9]. Eftersom det bara finns en DHCP-server i nätverket och denna är lokaliserad på brandväggen så kommer den erbjuda en ledig adress ur den förkonfigurerade adressrymden. När enheten tar emot detta erbjudande så begärs adressen av brandväggen. Brandväggen svarar då med ett kvitto på att den tagit emot informationen och denna process kallas DORA[30].

9.2.3. Active Directory

Centraliserad hantering av användar- samt dator-konton. Ett måste i dagens samhälle om ett företag vill ha en professionell IT-miljö. Genom att använda AD kan man på ett konsekvent sätt administrera slutanvändarna. Att tillämpa policys som ställer krav kring lösenord som tidigare nämndes är inga problem.

AD bygger på en hierarkisk struktur [10]. Högst upp har vi skogen[31], det är en samling av träd[32] som delar på en gemensam global katalog och ett mappschema bland annat. I varje träd finns det ett godtyckligt antal domäner där alla har sammanhängande namn[33]. En domän är en logisk grupp bestående av nätverksobjekt (datorer och användare) som delar på en aktiv databas. Till följd av hierarkin så kan man enkelt sätta upp förtroenden mellan olika domäner, träd eller skogar.

---

[30] Discovery, Offer, Request & Acknowledge
[31] Engelska termen är forest
[32] Engelska termen är tree
[33] Subdomäner

9.2.3.1. Operations masters

Inom AD finns det vissa roller som någon domänkontrollant måste utföra. För varje domän måste en av följande existera:

- PDC Emulator, den mest kritiska och tyngst belastade rollen. Ansvarar för synkronisering inom domänen.

- Relative ID Master. Varje objekt inom domänen tilldelas ett så kallat Security ID och det är denna roll som håller koll på vilka som är upptagna och hur många som är lediga.

- Infrastructure Master hanterar objektreferenser som överskrider domängränser.

Två roller får det endast finnas en av inom hela skogen:

- Schema Master, ansvarar för att alla inom skogen använder samma schema. Schemat i sig definierar alla olika typer av objekt som kan skapas och vilka attribut dessa ska ha. Ändringar här sker sällan manuellt men vid en installation av Exchange modifieras schemat.

- Domain Naming Master håller uppsyn kring vilka domännamn som används.

9.2.3.2. DNS

Domain Name System är starkt sammankopplat med AD då något så enkelt som att lokalisera en domänkontrollant utförs med hjälp av DNS. När man skapar en domän så läggs två stycken *forward lookup zones* till, ad.exempel.se och _msdcs.ad.exempel.se. Vad innehåller då dessa zoner?

- _msdcs-zonen innehåller all informationen som behövs för att leta upp domänkontrollanter. Den innehåller inlägg för att hitta en site. Information kring FSMO-roller finns även här.

- ad.exempel.se innehåller information kring anslutna datorer och servrar.

9.2.3.3. Funktionella nivåer

Vilken funktionell nivå man väljer att skapa sin skog och domän på avgör hur många nya finesser som kommer att finnas tillgängliga. Ett par av de saker som tillkommit sedan Windows 2000 är:

- Spara tidsstämpel för senaste inloggning
- Skapa nya OU[34]s för användare och datorer
- AES[35]-stöd för Kerberos[36]
- Döpa om domäner
- Administrativ papperskorg som innehåller borttagna konton t.ex.

---

[34] Organizational Unit, används för att gruppera användar- och datorkonton
[35] Advanced Encryption Standard, krypteringsalgoritm
[36] System för autentisering

9.3. Switching

9.3.1. 802.1Q

Dot1q som det kallas är ett lager två-protokoll. Den tillåter att trafik från olika VLAN skickas över en gemensam länk genom att lägga till fyra fält i *headern*[37] för varje paket. Första fältet identifierar att det är 802.1Q. Andra fältet dedikerar tre bitar till att kunna prioritera trafik, kallas CoS[38]. Tredje fältet är till för att bibehålla kompabilitet med äldre protokoll som Token Ring och det fjärde fältet indikerar vilket VLAN paketet tillhör. [11]

9.3.2. LACP

Redundans och bättre prestanda med hjälp av ett och samma protokoll. Link Aggregation Control Protocol låter två enheter komma överens om vilka fysiska länkar som ska bilda en logisk länk. Genom att göra detta uppnår man högre prestanda, med hjälp av lastbalansering, samt redundans då trafiken flödar genom ett flertal länkar samtidigt. [11]

9.3.3. Multiple Spanning Tree

Spanning Tree är ett lager två-protokoll vars uppgift är att blockera redundanta länkar för att förhindra att loopar uppstår. Detta är mycket viktigt för att om en loop skulle uppstå i en lager två-miljö skulle den aldrig sluta att existera då en *frame* [39]inte har något TTL[40]-fält [11]. Om en broadcast-storm, där ett broadcast-paket fastnar i en loop och växer i antal exponentiellt, inträffar ökar trafikmängden exponentiellt och nätverket blir överbelastat och därmed oanvändbart.

För att switchen ska kunna avgöra om porten skall skicka eller blockera trafik så skickar den ut kontrolltrafik för att identifiera sig själv och lyssnar efter liknande trafik från andra enheter. Efter att en godtycklig tidslängd har passerat kan då switchen rita upp ett logiskt träd över hur nätverket ser ut [11]. Genom att kunna göra detta kan den då avgöra vart loopar kan inträffa och förhindra detta.

---

[37] Den inledande delen av ett paket som endast innehåller information som krävs för att kunna skicka paketet
[38] Class of Service, används vid trafikprioritering
[39] Benämning på trafik på lager två-nivå
[40] Time To Live, används för att undvika loopar

9.4. Trådlöst nätverk

Att trådlöst kunna ansluta bärbara datorer, mobiltelefoner och annan utrustning till Internet ses i dagens samhälle som en självklarhet. Det finns många olika lösningar för trådlösa nätverk, allt ifrån fristående accesspunkter till mer avancerade centraliserade lösningar, där ett flertal accesspunkter täcker ett större område och tillåter användare att flytta sig mellan dem utan att förlora anslutningen.

Inom trådlösa nätverk finns det för närvarande tre standarder som används främst [12]. Det som skiljer dem åt mest är den teoretiska maximala bandbredden. Gemensam faktor för dessa är att alla använder sig av samma radiospektrum, 2,4GHz.

802.11G är den äldsta av dessa, med en maximal bandbredd på 54mbit/s. Den har nu blivit föråldrad och är främst till för bakåtkompabilitet med äldre enheter

802.11N är nyare än G-standarden och mer väletablerad än nästkommande. Genom att effektivisera hur ett paket skickas så är bandbredden 150mbit/s per antenn. Man kan ha upp till fyra antenner i samma enhet och på så sätt få ut 600mbit/s. Detta är möjligt, utan att störa ut sin egen trafik, genom MIMO[41]. För att undvika störningar från andra enheter som också använder 2,4-GHz-bandet (mikrovågsugn, blåtandsenheter, trådlösa telefoner etc.) så finns nu stöd för att kommunicera via 5-Ghz-bandet som inte alls är lika välanvänt.

802.11AC är den nyaste och fungerar på samma sätt som N fast med en ännu högre bandbredd. Detta genom att utöka kanalbredden, tillåta fler antenner samt ändra hur data moduleras. För närvarande stöds en bandbredd på 1300mbit/s med denna standard men den kommer att öka då ytterligare förbättringar är planerade.

---

[41] Multiple Input Multiple Output, en metod för att kunna skicka flera signaler samtidigt utan att störa ut sig själv

10. Utförande

10.1. Säkerhet

10.1.1. VPN

Med hjälp av VPN kommer företagets resurser kunna utnyttjas maximalt vid arbete hemifrån och under arbete på resande fot, som till exempel vid presentationer, konferenser och möten. Man bör känna till att en VPN-lösning är avancerad teknik som är väldigt känslig för felkonfiguration och kompabiliteten mellan olika tillverkare tenderar att vara bristfällig.

Enligt projektmålen skulle brandväggen agera VPN-koncentrator men denna roll flyttades över till servern. Anledningen till detta går att läsa om under diskussionsdelen utav denna rapport.

Microsofts nya teknologi som kallas *DirectAccess* har flera intressanta fördelar nämna under teorikapitlet men tyvärr så finns det vissa krav som gör att denna teknologi inte implementerades: [13]

1. Kräver Enterprise-version av ditt Windowsoperativsystem
2. Kräver två nätverksanslutningar på värdenheten (servern) direkt mot Internet med efterföljande publika IP-adresser
3. Fungerar endast med IPv6-applikationer

Det första kravet innebär att de skulle behöva köpa in nya datorer/licenser till nästan alla enheter. Krav nummer två är inget problem då de har ~120 publika adresser att nyttja. IPv6, det tredje kravet, är tyvärr där det hela faller ordentligt då IPv6 är icke-existerande hos detta företag.

För att instruera servern till att agera VPN-koncentrator behöver man installera en tjänst som kallas "Routing and Remote Access". Då servern har ett grafiskt användargränssnitt sker detta genom att i en steg-för-steg guide välja tjänsten som ska installeras. Alla beroenden som krävs för att det ska fungera installeras per automatik.

För att tillåta VPN-anslutningar behöver man skapa två nya policys i var sin kategori, en inom anslutningsbegäran och en inom nätverkskategorin. Den inom anslutningsbegäran definierar vilka tider som det är tillåtet att skapa en VPN-anslutning på och hur man ska autentisera användarna. Då företaget ofta arbetar under obekväma arbetstider så tillåts anslutningar dygnet runt, även kallat 24/7. Autentisering sker genom de användarkonton som finns i AD[42]. Genom att använda de befintliga konton som redan existerar underlättar man denna del administrativt. För slutanvändarna blir det enklare då dem endast behöver använda sitt personliga konto för att nyttja alla de tjänster som erbjuds.

Policy nummer två, som hamnade under kategorin nätverk är inte riktigt lika simpel och tillmötesgående. Här ska man bestämma vilket protokoll som ska användas, i detta fall PPTP[43]. Val kring hur stark kryptering som ska användas skall man ta ställning kring. Desto starkare kryptering desto säkrare är trafiken som skickas till kostnad av prestanda. Policyn dikterar att de tre olika former av kryptering som finns är alla acceptabla och det är upp till klienten att i en förhandling avgöra vilken som ska användas.

För att användaren ska bli beviljad åtkomst måste denna vara medlem i gruppen **VPN Users**. Att kräva medlemskap i en specifik grupp är god praxis då det inte alltid är så att alla användare ska ha tillåtelse att nyttja VPN-tjänsten.

10.1.2. Lösenord

Lösenorden för användarkontona har tidigare varit logiska och enkla att gissa. T.ex. så har det varit namn på husdjur eller barn, om inte det stämde var det bara leta efter en post it-lapp på kontoret då det i regel alltid fanns en med det aktuella lösenordet på.

Genom att nu införa en lösenordspolicy med hjälp av Active Directory för slutanvändarna så måste lösenordet uppfylla vissa krav gällande längd och komplexitet samt bytas med ett regelbundet intervall. Det förkonfigurerade värdet specificerar ett intervall på 90 dagar men den höjdes till 365 dagar. Till en början kommer nog just denna del väcka ett visst motstånd hos slutanvändarna då det kan uppfattas som "jobbigt" men i längden så är det för företagets bästa.

---

[42] Active Directory, katalogtjänst från Microsoft
[43] Point-to-Point Tunneling Protocol, en metod för att åstadkomma virtuella privata nät (VPN)

10.1.3. Åtkomstbegränsning

Enligt tidigare nämnd adresseringsplan så kommer nätverket vara uppdelat i olika VLAN. För varje VLAN kommer det finnas en åtkomstbegränsning som reglerar vart trafiken får gå.

I gästnätverket får man endast nå sin egen gateway och ut på Internet, man får **inte** nå andra som är anslutna på gästnätverket. Anledningen till detta är att gästnätverket endast är till för personer som behöver tillfällig tillgång till Internet för att till exempel läsa epost. För de övriga nätverken är intern kommunikation inom respektive VLAN tillåtet.

10.1.4. Portsäkerhet

För att motverka att icke önskvärda enheter ansluts till nätverket har portsäkerhet implementerats på alla nätverksenheter. Alla portar som inte används som trunk- eller routade portar har konfigurerats för att endast tillåta maximalt två anslutna MAC-adresser. Detta för att både en dator och en IP-telefon ska kunna ansluta till en port. För nuvarande kopplas inte datorerna via IP-telefonerna men det är något som ligger i deras framtidsplaner. MAC-adresserna på de enheter som ansluts kommer att lagras av respektive nätverksenhet så att inga andra adresser kommer att tillåtas vara ansluta till porten.

Skulle en enhet med en ogiltig MAC-adress anslutas till en port kommer all trafik från denna MAC-adress att kastas direkt av nätverksenheten [11].

10.1.5. NAT

PAT kommer användas för att möjliggöra parallella sessioner ut från nätverket. Konfigurationen utförs på brandväggens webbgränssnitt där man får skriva följande information:

- Vilka adresser som NAT ska utföras på
- Välja vilken typ av NAT (i detta fall PAT)
- Skriva in ett logiskt namn på regeln
- Beskrivning av vad regeln utför

När all denna information fyllts i är det färdigt.

10.1.6. Brandvägg

I det här nätverket har *Zone-Based Policy Firewall* [44] implementerats på brandväggen för att skydda och filtrera trafik enligt policyer. Fördelen med detta är att denna typ av brandvägg är logisk och strukturerad [14]. Man tilldelar varje port en zon och applicerar en policy mellan två zoner som definierar vilken trafik som får passera och i vilken riktning.

Det finns två olika zoner som är definierade som **INSIDE** och **OUTSIDE**. De portar som pekar mot det lokala nätverket är medlemmar i INSIDE-zonen och de som är kopplade ut mot Internet är med i OUTSIDE-zonen. Trafik inom respektive zon är tillåten då denna typ av trafik inte utgör ett säkerhetshot.

Om en användare från det lokala nätverket vill nå Internet tillåts TCP[45]-, UDP[46]- och ICMP[47]-trafik. De tre nämnda protokollen kommer att inspekteras på sin väg ut av brandväggen. Anledningen till detta är att relevant returtrafik ska få tillåtelse att passera tillbaka. Ett exempel på när denna regel tillämpas är om en användare anropar en hemsida. Trafiken initieras då från det lokala nätverket och en temporär regel sätts upp som tillåter den anropade enheten, i detta fall webbservern, att skicka data tillbaka till användaren. Information kommer nu tillbaka till användaren och det som efterfrågades kan nu visas i webbläsaren.

För att trafik som initieras utifrån ska tillåtas in i det lokala nätverket är det endast på förbestämda portar och protokoll detta kan ske. Den trafik som tillåts är för att de tjänster som finns kräver detta för att kunna fungera korrekt. AD FS[48] kräver viss trafik och då skapas en regel inom denna policy som tillåter denna trafik från de specificerade IP-adresserna. En annan tjänst som kräver att trafik utifrån tillåts är VPN. När man skapar dessa regler gäller det att vara så specifik som möjligt för att minimera säkerhetsbristerna som det medför att tillåta okänd trafik.

---

[44] Zonbaserad brandvägg, förkortas ZBPF
[45] Transport Control Protocol, hanterar trafiksessioner och garanterar leverans
[46] User Datagram Protocol, motsvarande TCP fast mindre komplex och inga garantier ges
[47] Internet Control Message Protocol, används främst vid felsökning
[48] Active Directory Federation Services, mjukvara som möjliggör *Single Sign-On*

10.1.7.   RAID

Hårddiskar tenderar att vid något tillfälle sluta fungera och om man inte har skydd mot detta kan det bli ett enormt bakslag. I ett försök att eliminera denna riskfaktor så har servern utrustats med en RAID-kontroller och två uppsättningar med hårddiskar. Detta ger alltså säkerhet mot dataförlust till skillnad från de andra ämnena där det främst varit nätverksrelaterad säkerhet.

Den första uppsättningen används till att lagra operativsystemet och består av tre stycken 300GB 10K SAS[49]-diskar. Genom att välja driftsäkra hårddiskar från början minimeras risken för att något negativt ska inträffa. Uppsättningen är konfigurerad på så sätt att två av hårddiskarna är exakta speglingar av varandra. En implementation av detta kallas RAID 1. Den tredje är en så kallad *hot spare*. En disk som är markerad som detta är aktiv och ansluten till systemet och börjar användas ifall en annan disk slutar att fungera eller börjar rapportera fel till kontroller-enheten.

Uppsättning nummer två används för att lagra användarnas data (se rubrik Folder Redirection), gemensamma nätverksresurser samt databasbackupen för Easyjob. Samma typer av hårddiskar används här fast med ett lagringsutrymme på 1TB och totalt fyra stycken. Här används RAID 5. Även här så är endast tre enheter aktiva och den fjärde är markerad som *hot spare*.

---

[49] Serial Attached SCSI, en viss typ av hårddiskar

10.2. Övervakning & Administration

10.2.1. Konfiguration

Gemensamt för de båda nedanför nämnda sätten att konfigurera enheterna är inloggnings-uppgifterna och kraven på trafiken. För att härda nätverksenheterna så ställs det två krav på trafiken som kommer in till dem. Det första kravet är att trafiken måste härstamma från de management-VLAN som skapats samt att IP-adressen måste tillhöra den nätadress som enligt de fördefinierade tabellerna tillhör detta VLAN.

Två konton är konfigurerade, en med endast läsrättigheter och en med skrivrättigheter.

10.2.1.1. SSH

Det finns två versioner av Secure Shell, SSH-1 och SSH-2. Krypteringen fungerar snarlikt i de båda, dock kräver SSH-2 större nycklar [15]. Då tillverkarna av nätverksenheterna rekommenderar att man använder SSH-2 så blev så fallet. Förut kunde stora krypteringsnycklar vara ett problem då belastningen blev för stor på processorn vid kryptering och dekryptering. Ett sätt att öka säkerheten, men samtidigt hämma enkelheten, är att byta vilken port SSH-servern ska lyssna på för SSH-trafik. Eftersom ingen SSH-trafik kommer härstamma utifrån Internet (brandväggen filtrerar bort det) så byttes inte porten för att hålla det på en lättare nivå.

SSH används på nätverksenheterna för att man ska kunna konfigurera de utan fysisk tillgång till enheten (så kallad in-band management) samt undvika krav på grafisk fönstermiljö med webbläsare. Telnet är inaktiverat för att undvika onödiga säkerhetsrisker.

RSA-nycklarna som används för att kryptera trafiken skapades med en storlek på 1024 bitar. Detta då det var det största tillåtna värdet och nycklarnas storlek avgör den kryptografiska styrkan. En detalj man bör ha i åtanke är att desto större nyckelstorlek desto mer prestanda krävs av enheterna.

10.2.1.2. HTML

Med säkerhet i åtanke så tillåts endast HTTPS för att säkerställa att all kommunikation i denna form är krypterad. Då företaget inte har köpt ett giltigt certifikat blir man varnad vid anslutning om att detta är ett eget-genererat certifikat. Den lilla risken man tar genom att inte kunna säkerställa identiteten vägde inte upp kostnaden för ett certifikat av en globalt erkänd utfärdare.

10.2.2.   SNTP

Att ha enheters interna klockor synkroniserade är A och O numera. Ett inlägg som detta

Mon Jan 1 04:12:23 1990	Warning	Loss of link	Lost connection to multiple devices on port 43

är väldigt omständligt att förstå. För att på ett enkelt och intuitivt sätt kunna relatera till tidpunkten krävs det ett protokoll som sköter detta. Simple Network Time Protocol är skapat ur NTP[50] för att lösa just detta problem [16]. Genom att ange upp till tre IP-adresser på enheterna så kommer dessa att anropas för att säkerställa att enhetens interna klocka stämmer överens med omvärlden.

timesync sntp

sntp unicast

sntp server priority 1 192.36.144.22

sntp server priority 2 81.226.218.187

sntp server priority 3 192.36.144.23

10.2.3.   DHCP

För att få brandväggen att agera DHCP-server så behöver en serie av kommandon utföras. Det första steget är att skapa en så kallad *pool* av adresser och ge dessa ett namn. Syntaxen för detta ser ut enligt följande:

dhcpd address start_address-end_address *name*

Man anger första och sista adress som ska delas ut varav dessa måste ligga på samma nätadress som en port på brandväggen för att kunna delas ut. För att specificera vilka DNS[51]-servrar som används skriver man

dhcpd dns *dns1 dns2*

Det enda som nu saknas för en lyckad implementation är att varje enhet ska få reda på sin default gateway automatiskt och det konfigureras på följande sätt

dhcpd default-router *ip-adress*

10.2.4.   Värdnamn

För att kunna identifiera enheterna, dels via protokoll som LLDP [52]samt vid administrering, har ett logiskt värdnamn implementerats på varje enhet.

---

[50] Network Time Protocol, protokoll för att synkronisera tiden på enheter i ett nätverk
[51] Domain Name System, översätter mellan domäner och IP-adresser
[52] Link Layer Discovery Protocol, ett protokoll för att upptäcka och identifiera direktanslutna enheter

10.2.5.   Active Directory

10.2.5.1.   Operations masters

Då denna implementation endast innefattar en ensam server så tillfaller givetvis alla dessa roller denna server. Hade det funnits fler servrar bör man ha i åtanke vilken som har bäst prestanda och redundans då vissa av dessa roller är mer kritiska än andra.

10.2.5.2.   Domännamn

Vad man ska döpa sin AD-domän till har det länge varit frågetecken kring. Tidigare rekommenderade Microsoft exempel.local som domännamn för att undvika DNS-problem mot ens egna DNS. En annan fördel är att .local är oregistrerat så inga andra DNS-servrar kommer innehålla information kring domänen. Detta har nu ändrats och den aktuella rekommendationen är att man utgår från sin domän och väljer att skapa en subdomän dedikerad till AD [17]. I detta fall blev det ad.lagomogott.se.

10.2.5.3.   Implementation

Det första steget i att implementera AD är att installera värdtjänsten på servern. Denna kallas Active Directory Domain Services och kräver att du har en DNS-server installerad, antingen lokalt eller på en annan enhet [10]. När det är klart är det dags att konfigurera AD, som lättast utförs med den inbyggda steg-för-steg-guiden som följer med. Den första frågan som ställs är om du ska ansluta servern till en befintlig domän eller, som i detta fall, skapa en ny domän att vara domän-kontrollant för.

Då man valt att skapa en ny domän får man välja vilken funktionell nivå domänen ska använda. Här står man inför ett val mellan bakåtkompabilitet kontra nya finesser. Då företaget i fråga endast har denna server som domänkontrollant och alla datorer som ansluts till domän kommer använda Windows 7 eller 8 så föll valet på Windows Server 2012 för att få med alla nya finesser.

Efter att detta vägskäl är avklarat ska man definiera ett återställningslösenord och bestämma vart databasen samt loggfiler bland annat ska sparas. Sist men inte minst så verifierar guiden att servern uppfyller alla de grundkrav som finns för att få slutföra installationen. Vid det här laget har man nu en aktiv AD-miljö och kan börja ansluta datorer, skapa användarkonton och policys. Policyn kring lösenord t.ex. går att läsa om under rubriken Lösenord.

10.2.6.   Folder Redirection

Företaget har tidigare haft problem med att viktiga arbetsfiler sparas lokalt på en dator. När de sedan behövt få åtkomst så har det inte gått att lösa. Problemet kommer inte längre att existera då servern kommer att peka om skrivbordet samt "Mina Dokument" till en nätverksresurs så att man alltid har tillgång till dessa.

Steg ett för detta är att skapa en ny grupp för att kunna filtrera vilka användare som ska nyttja detta. Denna grupp kallas **Folder Redirection Users**. För att användarna ska kunna nå sina mappar så måste servern dela ut dem. Detta åstadkoms enklast genom att öppna Server Manager, navigera in på "File and Storage Services", markera "Shares" och klicka Tasks > New Share. Det som sker då är att man får en guide som navigerar dig genom hela skapande-processen. Väl här får man välja vilka som ska ha åtkomst, i detta fall vår nyskapade grupp.

I detta skede så är det enda som fattas en policy som applicerar det som önskas appliceras för slutanvändarna. En ny policy skapas med namnet "Folder Redirection Policy", länkas till domänen och aktiveras. Policyn redigeras och under User Configuration > Policies > Windows Settings > Folder Redirection finns de tillgängliga mapparna som kan pekas om. De mappar som önskades och därmed är länkade är skrivbordet, dokument, musik, bilder och filmer.

Då klientversioner av Windows operativsystem har som standard att göra dessa filer tillgängliga offline så sparas dem tekniskt sett både på klienten och på servern. Vid en första anblick kan detta te sig onödigt men då bärbara datorer till exempel inte alltid är uppkopplade så är det bra om användarna fortfarande kan komma åt sina dokument och andra viktiga filer lokalt.

10.3.   Switching

10.3.1.   802.1Q

När man använder dot1q så behöver man kunna särskilja på trafik som ska traversera denna länk och inte tillhör något specifikt VLAN. Man använder då något som kallas *Native VLAN* [11]. *Native VLAN* är till för trafik som genereras från enheten och är separerat från det övriga nätverket. HP-switcharna som användes i det här examensarbetet ställde dock andra krav på vilket VLAN som fick klassas native till skillnad från vad Cisco lär ut. Hos HP måste du ha antingen en port aktiv i det VLANet du vill använda eller använda management-VLANet, där det sistnämnda fick bli fallet. Endast relevanta VLAN är tillåtna över respektive länk för att härda nätverket.

10.3.2.   LACP

Då detta behöver konfigureras på båda ändpunkterna bör man göra det innan man kopplar in ett medium, i detta fall en kabel. Switchen konfigureras via webb-gränssnittet där man får välja att antingen manuellt tilldela portar till ett logiskt interface eller låta LACP hantera detta. På servern så kallas denna process NIC teaming och går till på ett liknande sätt, man markerar vilka interface som ska omfattas och aktiverar LACP.

10.3.3.   Multiple Spanning Tree

Det finns många olika versioner av Spanning Tree, i detta fall valdes Multiple Spanning Tree för implementation. MST är baserat på RSTP[53]. Dessa två standarder är snabba på att konvergera i jämförelse med den ursprungliga STP-standarden [11]. Innebörden av detta är att tiden det tar för en switch att bestämma vilken roll en port har i lager två-miljön har minimerats. Med ursprungs-versionen kunde detta ta upp till 50 sekunder medan det numera handlar om millisekunder.

Fördelen med just MST över RSTP är möjligheten att gruppera VLAN och tilldela dessa en gemensam Spanning Tree-process. Istället för att varje switch ska behöva hantera varje VLAN separat så kan man instruera switchen att dessa VLAN ska hanteras tillika.

För en lyckad implementation behöver tre parametrar stämma överens mellan nätverks-enheterna. Dessa parametrar är:

- Konfigurationsnamn, denna sattes till lagomogottljud.se
- Revisionsnummer, sattes till 2 efter en mindre ändring

---

[53] Rapid Spanning Tree Protocol

- Process till VLAN-mappning, alla tillgängliga VLAN tilldelades samma process

Även om det för nuvarande inte blev någon skillnad jämtemot att implementera en global RSTP-process så är detta mer framtidssäkert ifall de expanderar och nätverkets olika VLAN börjar se olika ut och kräva t.ex. lastbalansering.

10.4. Trådlöst nätverk

Eftersom det som efterfrågades var en heltäckande centraliserad lösning så föll valet naturligt på ett system med WLAN-kontroller. Denna kontrollerenhet kompletteras med sex stycken tillhörande accesspunkter. Genom att placera ut accesspunkterna där täckningsbehov finns kommer alla utrymmen ha accepterbar mottagning. Gränsen för signalstyrka brukar dras kring - 70 dBm[54] enligt ledande tillverkare. Då placeringen främst styrs utav användarantal så kommer inte en så kallad site survey att utföras.

Efter en kontroll med mobilen för att se vilka kanaler som var lediga så kom vetskapen om att det redan fanns väldigt många trådlösa nätverk i dessa utrymmen som inte borde finnas. Med denna nyfunna kunskap var det bara gå till ägarna av dessa nätverk och fråga om de verkligen behövde ha täckning där eller om de kunde tänka sig att ställa ner signalstyrkan. Alla gick med på att sänka signalstyrkan och så var problemet med kanalinterferens borta som annars hade lett till prestandaförluster.

Med trådlösa nätverk följer alltid säkerhetsrisker. Då planen är att ha ett öppet gästnätverk tillkommer sådana. Genom att begränsa dess åtkomst till Internet endast så är dessa eliminerade. För att undvika att de använder all tillgänglig bandbredd så är en hastighetsbegränsning implementerad på 10 Mbit per sekund. För att undvika att ovälkomna personer nyttjar gäst-nätverket har signalstyrkan ställts ner på de enheter som annars skulle ge täckning utanför lokalerna.

Då den enhet som agerar WLAN-kontroller i detta fall endast är en mjukvara och ingen dedikerad enhet installerades den på servern. Efter slutförd installation kan man välja att installera detta som en tjänst i Windows så den startar automatiskt i samband med uppstart av operativsystemet. När detta är färdigt kan man nu administrera sin trådlösa miljö med hjälp av ett webbgränssnitt. I detta gränssnitt kan man hantera accesspunkter, trådlösa nätverk samt se statistik.

---

[54] dBm är ett mått som mäter förhållandet mellan uppmätt signal i decibel(dB) jämfört med en milliwatt(mW). Förkortas ibland dBmW

För de anställda finns det ett nätverk med 802.1X som säkerhetsmetod. De ombes då ange sin domäninloggning och är sedan anslutna till det VLAN som är primärt för företagets nätverk. Då branschen företaget är verksamma i använder sig av konsulter[55] så behövdes ett tredje nätverk skapas då dessa ska ha tillgång till skrivare samt kunna ha kontakt med varandra. Ett WPA2[56]-skyddat nätverk blev lösningen för detta. WPA2 kräver att man anger en nyckel för att få ansluta och det kändes som en lämplig avvägning mellan säkerhet kontra öppenhet.

Rekommendationen är att denna nyckel byts regelbundet för att leva upp till företagets numera allmänna lösenordspolicy.

10.5.   IP-telefoni och trafikprioritering

Om trafikstockning skulle uppstå ut mot Internet är brandväggen instruerad att prioritera IP-telefonin. Då all VoIP-trafik härstammar från ett eget VLAN så prioriteras hela detta nätverk. Detta kan medföra att mindre viktig trafik från detta VLAN får högre prioritet. Till exempel om VoIP-servern ska hämta uppdateringar så bör detta kanske inte prioriteras.

Det slutade med en avvägning där komplex trafikprioritering gick förlorande då hela telefoni-delen är så kritisk för verksamheten. Utan en fungerande telefon skulle den främsta kommunikations-formen med deras kunder försvinna och detta är något de vill undvika.

---

[55] Termen de själva använder är frilansare
[56] Wi-Fi Protected Access 2, säkerhetsprotokoll och säkerhetscertifieringsprogram

10.6. Office 365

Då ett av projektmålen var att leverera en ny epostlösning föll valet på Office 365. Anledningarna till detta lyder som följer [18];

- I molnet. Då eposten är kritisk för företaget så kom det gemensamma beslutet att det alternativ som innebar att ta hand om drift av en egen Exchange-server föll bort. Detta då företaget endast har en server, en Internet-förbindelse och en UPS[57] vars uppgift är att låta servern stänga av sig kontrollerat. Det fanns helt enkelt inte redundans nog för att klara av att hålla det krav på kontinuitet som ställs.

- Microsofts ekosystem. Då företaget har en homogen PC-miljö med Microsoft-produkter så finns det ett naturligt stöd bland all mjukvara för Exchange.

- Office-paketet. Då varje anställd har en egen dator behöver även denna person Office-paketet. Med Office 365 ingår det (beroende på licensval) i månadsavgiften och man kan sova lugnt om nätterna då man vet att man alltid har den senast tillgängliga versionen.

Med tidigare nämnd motivering blev Office 365 det uppenbara valet. Man får inte bara en ny leverantör för sin epost utan underlättar därmed sin licenshantering. Tyvärr så har företaget uppsägningstid hos sin nuvarande leverantör så den faktiska flytten kommer ske under sommarens slut.

10.6.1. AD FS

När man har en homogen Microsoft-miljö så skulle det vara smidigt om man bara behövde logga in en gång per session och sedan ha åtkomst till allting [19]. I ett steg att försöka åstadkomma detta kan man installera Active Directory Federation Services som låter dig använda din domän-inloggning till Office 365 bland annat [19].

Genom att lägga till en post i ens domän så verifierar man ägarskapet. Efter det sätter man upp ett förtroende mellan sin egen AD FS-serverfarm och deras. Det avslutande steget är att installera ett program kallat "Microsoft Online Services Sign-In Assistant" på de domänanslutna datorerna. Detta kommer att implementeras i samband med bytet av epostlösning.

---

[57] Uninterruptible Power Supply, en enhet som möjliggör tillfällig drift under elavbrott

10.7. Easyjob

Inget företag utan en företagsverksamhet. Lagom & Gott har som verksamhet att hyra ut personal och produkter till event runt om i Sverige och för att hålla koll på lagerinventarier samt aktuella priser används ett program som kallas Easyjob.

Programvaran är uppdelad i två delar, en klient och en serverdel [20]. Serverdelen består till största grad av SQL och kräver därmed Microsoft SQL Server. För att skydda sig mot bortfall av data körs en backup på databasen dagligen och denna lagras på en logisk disk (läs mer om detta under rubriken RAID). För att vara på den säkra sidan så kopieras backupen från varje söndag till en NAS[58] som är placerad externt av säkerhetsskäl.

---

[58] Network Attached Storage, en nätverksansluten bärbar vars huvudsyfte är att lagra filer

11. Resultat

Resultatet av projektet får ses som positivt då alla bitar föll på plats exklusive epost-lösningen som tyvärr hade en uppsägningstid att ta hänsyn till. De datorer som står i företagets ägo hanteras nu tillsammans med användarna genom Active Directory. Tack vare detta är det nu lättare att se till att de är enhetliga, skapa en företagsbakgrund och ändra i en policy så har alla datorer den som bakgrundsbild. Om företaget anställer en ny person så behöver man bara skapa ett konto, ge medlemskap till de grupper som behövs (WLAN, VPN och Folder Redirection) och så är användaren redo. Slutar en anställd, då är det bara att inaktivera kontot så är hen utelåst från systemet medan filer behålls för analys.

Dokumentation har upprättats och innehåller all viktig information som kan behövas och denna rapport i sig kommer även finnas tillgänglig. Mardrömssituationen som uppstod där företaget var utelåsta från sin egen brandvägg ska inte kunna inträffa längre såvida de inte brister i handhavandet och inte följer de regler som satts upp. Om de bestämmer sig för anställa dedikerad IT-personal så bör inte ingångströskeln vara så hög längre då allt går att läsa om till skillnad från den bristfälliga grund undertecknad fick att arbeta med.

Undertecknads personliga åsikt är att det för tillfället inte finns ett behov av IT-personal. Något som bör finnas i åtanke är att alla produkter inom deras bransch går mot att vara nätverksbaserade så en person med goda nätverkskunskaper kan bli intressant i framtiden.

Nätverksenheterna är konfigurerade enligt konstens alla normer och regler. De nyinköpta enheterna är alla produkter avsedda för företag och ska klara av kontinuerlig drift såvida inget oförutsett händer. Nätverket är nu uppdelat i mindre VLAN för att kunna separera på trafiken, både ur ett säkerhetsperspektiv samt trafikflödesperspektiv. Nätverkssäkerheten som tidigare var obefintlig ser nu ut som följande:

- Portar som inte används är avstängda och placerade i ett oanvänt VLAN
- Det finns en begränsning kring max antal MAC-adresser per port
- För att konfigurera nätverksenheter måste kommunikationen ske krypterat
- Enheterna har härdats på så sätt att oönskade saker har inaktiverats, t.ex. dynamisk VLAN-spridning som är en säkerhetsrisk i sig.

12. Slutsats och diskussion

Detta projekt har levererat en ny IT-infrastruktur till Lagom & Gott Ljud AB. Arbetet har präglats av säkerhet och skalbarhet till en rimlig ekonomisk kostnad. De val som gjordes i förberedelsen har blivit avgörande för resultatets utformning. Då det är blandade leverantörer på nätverksenheterna var de viktigt att dessa höll sig till de öppna standarder som existerar.

Det är viktigt att hitta en balans mellan vad som efterfrågas av kunden och vad som levereras av uppdragstagaren. Även om uppdragstagaren, undertecknad i detta fall, har mer avancerade kunskaper utöver det som efterfrågats så innebär inte det att man måste tillämpa dessa kunskaper. Dels för att inte göra något som blir mer komplicerat och invecklat än grundplanen, men samtidigt för att lämna dörren öppen för framtida jobb då man kan presentera alla möjliga förbättringar för kunden. I detta fall har kunden i fråga inga större kunskaper inom nätverksområdet utan förlitar sig helt till sina entreprenörer. Det som blir det slutgiltiga projektet är en kombination av förtroende till uppdragstagaren och priset. Kunden får nämna den funktionalitet som önskas och så får uppdragstagaren utifrån detta lämna en offert med en lämplig prisnivå.

Då det inte funnits någon tidspress så har arbetet kunna fortskrida i lugn och ro och dokumentationen har utförts etappvis när varje moment varit färdigt. Föreskrifter har delats ut till användarna kring hur de ska använda det nya systemet och vad som har ändrats. För att detta arbete skall klassas en succé så krävs det att slutanvändarna vet hur de ska hantera all funktionalitet.

Att arbeta med en uppgift som är så pass ospecificerad som denna är en utmaning. Eftersom kraven är så pass generella (i detta fall, få det att fungera bättre) finns det många vägar för att uppnå samma slutresultat och behovet av en ordentlig planering och tydliga riktlinjer blir allt viktigare. Här är det viktigt att hålla en dialog med kunden och se till att alla inblandade parter är överens. Missförstånd kan ha stor inverkan på hela projektets utformning. Tack vare god planering och framförhållning kunde arbetet skrida på utan några större hinder eller orosmoment.

Då ingen vill känna sig bunden till en dator längre finns det nu många lösningar för att kunna ha sina filer i molnet. Bland kommersiella produkter inom denna marknad finns Dropbox, Cubby, Google Drive samt OneDrive för att nämna några av de största. Alla löser samma grundproblem, att synkronisera filer, men med lite olika fördelar:

- OneDrive som Microsofts lösning kallas har stark integration med Office-paketet och andra Microsoft-produkter.
- Google Drive är väl integrerat med Googles andra tjänster, t ex Mail och Docs.
- Cubbys säljargument är att det är mer flexibelt och säkrare då dem krypterar all data åt dig till skillnad från de andra leverantörerna.

Alla de ovan nämnda lösningarna har dock en stor nackdel sett ur företagsperspektiv. De kan inte garantera vart din information lagras. Utöver denna nackdel, som till exempel gör att företag som Försvarsmakten aldrig kommer använda sig av ovan nämnda tjänster (kräver att allt som berör deras IT ska utföras i Sverige), så blir det svårt att garantera säkerheten på dokumenten med tanke på skandalerna kring NSA.

Till följd av detta valdes Folder Redirection som lösning på problemet. De må inte vara i molnet, men du har fortfarande avlastat klienterna och användarna från ansvaret att ta hand om synkroniseringen. Har man bara en bra infrastruktur att bygga denna lösning på så blir det dessutom billigare.

Valet av utrustning har präglats av funktionalitet och pris. Här strävades det efter att hitta utrustning som kommer att klara viss expansion av nätverket samtidigt som priset är försvarbart. Valet föll därmed inte på enbart Cisco-produkter vilket ledde till en spännande erfarenhet att få arbeta med andra leverantörer. Något att fascineras över är hur slående lik konfigurationen ser ut på en HP-produkt kontra Cisco. Till exempel, i Cisco-världen tilldelar man en port ett VLAN medan på HP-produkter så tilldelar man ett VLAN en port. Två olika sidor av myntet som åstadkommer exakt samma slutresultat.

Microsofts tanke bakom DirectAccess, att man ska vara ansluten till intra-nätet så fort du har Internet är mycket lovande. Att som företag aldrig behöva oroa sig över att anställda använder publika nätverk utan kryptering är guld värt. Kombinera detta med att klienten alltid kan hämta policy-uppdateringar, mjukvara som skickas ut och att supporta användaren underlättas så finns det mycket att vinna på att använda detta.

Som med de flesta nyutvecklade teknologier så finns det tyvärr nackdelar. DirectAccess är inte så flexibelt som man skulle önska, då många har en blandning av enheter som man vill ansluta mot intranätet. Mobiltelefoner, surfpattor och datorer som inte kör Windows 7 Professional eller bättre kan inte använda detta. På serversidan krävs det Windows Server 2008 R2 tillsammans med en PKI-lösning.

Om man jämför med till exempel Cisco AnyConnect som låter dig ansluta PCs, Mac, Linux, iPad och iPhones så ser vi att kontrasterna är tydlig, men ändå är inte det här den största nackdelen. IPv6-kravet är det som ställer till det. Antingen så trodde Microsoft när de utvecklade DirectAccess att IPv6 skulle vara mer välanvänt vid det här laget eller så gillar dem tanken bakom isatap[59]-tunnlar och andra IPv6 över IPv4-mekanismer. I framtiden, den dagen då IPv6 är lika vanligt som IPv4, tror jag alla företag kommer använda något liknande då det finns så tydliga fördelar.

---

[59] Intra-Site Automatic Tunnel Adressing Protocol, tunnel-mekanism för att hantera övergången mellan IPv4 och IPv6.

Ett annat val man står inför vid ett arbete som detta är hur mycket pengar man ska investera i det trådlösa nätverket för att få stöd för den senaste standarden och därmed få upp den teoretiska maxbandbredden. I det här fallet hade det kostar ca 30 % mer per accesspunkt för att köpa motsvarande modell med 802.11AC-stöd. Då får man börja ställa sig frågor som:

- Vilka ska primärt använda det trådlösa nätverket?
- Kommer det utföras nätverkstungt arbete över det trådlösa nätverket?

I undertecknads fall så var främsta målgruppen gäster då alla anställda främst sitter på sina kontorsplatser och är anslutna via det fasta nätet. Mobiler och andra handburna enheter kräver sällan hög bandbredd så då blev merkostnaden omotiverad.

Då det främst är PCs som kommer ansluta så kommer servern agera VPN-koncentrator. Anledningarna till detta lyder som följer;

1. Enkelt. Att skapa en VPN-anslutning i Windows 7/8 är numera en enkel process med en steg-för-steg guide.
2. Autentisering via Active Directory. En centraliserad hantering av användare underlättar båda för administrativ personal samt slutanvändaren

Då de köpte en server med kraftfull prestanda som gott och väl tillgodoser de krav så innebar det att det fanns resurser att hämta där. För att hitta en brandvägg som hade hög genomströmning, minst 500 Mbit/s, av trafik och samtidigt klarade av att agera PPTP-server för att slippa använda tredjepartsprogram på klienterna så resulterade detta i ett högt pris. Utöver ett högre inköpspris så krävdes det ofta extra licenser för att alla anställda skulle kunna vara anslutna samtidigt. Även om det inte är ett troligt scenario så ska man vara förberedd på värsta möjliga scenario.

Tidigare projektarbeten har alltid utförts i grupp vilket ger en trygghet. Man har alltid minst en person att bolla idéer med och kan verifiera varandras arbeten. Då detta arbete har utförts av undertecknad, ensam, så krävs det mer planering, framförhållning och självdisciplin. Det finns inte längre någon annan person som håller dig i handen och ser till att arbetet utförs. Är man bara säker i sig själv och inte tvivlar på sina egna kunskaper så är detta inte något problem.

12.1. Framtida arbeten

Självklart finns det arbeten kvar att utföra. Utöver det uppenbara arbetet med epost-lösningen som blev framskjuten i tidsplaneringen finns det andra saker att göra.

Då brandväggen för nuvarande endast skyddar det egna företagets nätverk så är de upp till de andra företagen som delar på Internetanslutningen att skydda sina egna nät. Det fanns en önskan om att låta brandväggen analysera all trafik men denna övergavs då vissa företag hade en negativ inställning kring detta. Det faktum att det saknas en nätverksansvarig blev tillslut den avgörande punkten då man bär ett större ansvar jämte de andra företagen.

En annan punkt är en uppgradering av IP-telefonin. Nuvarande telefoner är gamla och långsamma vilket hindrar dem från att använda dator-porten på varje telefon. Skulle nya IP-telefoner införskaffas kan man koppla in varje dator via en telefon till nätverket. Till följd av detta så nyttjar man ett lägre antal portar på switchen och har därmed uppnått en högre skalbarhet då fler portar blir tillgängliga.

Något de anställda på företaget redan har planerat att införa är att införskaffa handhållna scannrars. Med dessa ska det på ett enklare sätt kunna håll koll på vilka produkter som är uthyrda för tillfället. Genom att checka in/ut produkter med hjälp av streckkoder så innebär detta mer förarbete. Varje produkt måste märkas med en unik streckkod, lagras i en databas och scanner behöver införskaffas samt konfigureras.

Tanken av att ha virtuella datorer är något som de omedvetet strävar efter då ingen vill vara bunden till en specifik dator. Tyvärr kan detta bli svårt att implementera då datorerna inte alltid är uppkopplade till företagsnätverket.

13. Referenser

[1]   J. Tiso, Designing Cisco Network Service Architectures (ARCH), Cisco Press, 2012, ISBN-10: 1-58714-288-0.

[2]   IEEE, "802.3af Power over Ethernet".

[3]   IETF, "RFC 2460 - Internet Protocol, Version 6 (IPv6) Specification," [Online]. Available: http://tools.ietf.org/html/rfc2460.

[4]   D. Teare, Implementing Cisco IP Routing, Cisco Press, 2010, ISBN-10: 1-58705-882-0.

[5]   "Microsoft's DirectAccess TechNet page," [Online]. Available: http://technet.microsoft.com/en-us/network/dd420463.aspx.

[6]   J. Østergaard och E. Bueso, "Raid," [Online]. Available: http://tldp.org/HOWTO/Software-RAID-HOWTO.html.

[7]   F. J. Hirsch, "Public key kryptografi," Apache Software Foundation, [Online]. Available: http://httpd.apache.org/docs/2.2/ssl/ssl_intro.html#cryptographictech.

[8]   "HTML," [Online]. Available: http://tools.ietf.org/html/rfc1866.

[9]   R. Droms, "DHCP," [Online]. Available: https://www.ietf.org/rfc/rfc2131.txt.

[10]   "Active Directory," [Online]. Available: http://technet.microsoft.com/en-us/library/cc780036%28v=ws.10%29.aspx.

[11]   R. Froom, B. Sivasubramanian och E. Frahim, Implementing Cisco Switched Networks (SWITCH), Cisco Press, 2010, ISBN-10: 1-58705-884-7.

[12]   B. J. Carroll, CCNA Wireless Official Exam Certification Guide, Cisco Press, 2008, ISBN-10: 1-58720-211-5.

[13]   "DirectAccess," [Online]. Available: http://technet.microsoft.com/en-us/network/dd420463.aspx.

[14]   "ZBFW," [Online]. Available: http://www.cisco.com/en/US/products/sw/secursw/ps1018/products_tech_note09186a00808bc994.shtml.

[15]   "SSH-2," [Online]. Available: http://tools.ietf.org/html/rfc4252.

[16] IETF, "RFC 2030 - Simple Network Time Protocol," [Online]. Available: http://tools.ietf.org/html/rfc2030.

[17] "Active Directory domain name recommendations," [Online]. Available: http://technet.microsoft.com/en-us/library/cc738121%28WS.10%29.aspx.

[18] "Office 365," [Online]. Available: http://office.microsoft.com/sv-se/.

[19] "AD FS," Microsoft, [Online]. Available: http://technet.microsoft.com/en-us/windowsserver/dd448613.aspx.

[20] "Easyjob," [Online]. Available: http://www.protonic-software.com/en/easyjob/.

Utöver dessa explicita referenser tillkommer alla föreläsningar, möten och samtal undertecknad haft med lärare under sin studietid.

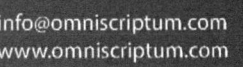
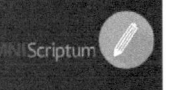

Printed by Books on Demand GmbH, Norderstedt / Germany